AF457033

LIQUIDATION

DU

COMPTOIR DES HALLES ET MARCHÉS

(SOCIÉTÉ A RESPONSABILITÉ LIMITÉE)

1° RAPPORT DE M. BACQUA DE LABARTHE

CHEVALIER DE LA LÉGION D'HONNEUR, AVOCAT,
LIQUIDATEUR JUDICIAIRE DU COMPTOIR.

2° RAPPORT DE M. RAIMBERT

EXPERT COMPTABLE SUR LES OPÉRATIONS ET LES COMPTES DE LA LIQUIDATION
DU COMPTOIR DES HALLES ET MARCHÉS.

3° PROCÈS-VERBAL DE L'ASSEMBLÉE GÉNÉRALE DES ACTIONNAIRES

DU 8 FÉVRIER 1868

RÉSOLUTIONS ADOPTÉES

PARIS
IMPRIMERIE ADMINISTRATIVE ET DES CHEMINS DE FER DE PAUL DUPONT
45, RUE DE GRENELLE-SAINT-HONORÉ, 45.

1868

LIQUIDATION

DU

COMPTOIR DES HALLES ET MARCHÉS

(SOCIÉTÉ A RESPONSABILITÉ LIMITÉE).

RAPPORT

DE

M. BACQUA DE LABARTHE

AVOCAT, LIQUIDATEUR JUDICIAIRE,

A l'Assemblée générale des Actionnaires du 8 février 1868.

PARIS
IMPRIMERIE ADMINISTRATIVE DE PAUL DUPONT
RUE DE GRENELLE-SAINT-HONORÉ, 45.

1868

RAPPORT

DE

M. BACQUA DE LABARTHE, Avocat,

Liquidateur

DU

COMPTOIR DES HALLES ET MARCHÉS

(SOCIÉTÉ A RESPONSABILITÉ LIMITÉE),

A MM. les Actionnaires réunis en Assemblée générale le 8 février 1868.

MESSIEURS,

Les payements faits par la liquidation en principal et frais, aux créanciers du Comptoir des Halles et Marchés depuis le 29 mai 1866, jour de la dissolution de la Société, jusqu'au 31 décembre 1867, s'élèvent à la somme de 1,480,341 fr. 90 c. Cette extinction à peu près totale de votre passif m'a permis de vous convoquer en Assemblée générale. Quels que soient les droits absolus d'un liquidateur judiciaire, je ne pense pas que sa nomination ait pour effet de mettre entièrement à néant les dispositions des statuts sociaux concernant les réunions des actionnaires en Assemblée générale.

Dans tous les cas, j'ai considéré comme un devoir pour moi de vous réunir et de vous tenir au courant des affaires de votre liquidation.

La convocation de ce jour a pour objet de vous exposer la situation de la liquidation et les résultats obtenus ; de soumettre à votre approbation les comptes de ma gestion jusqu'au 31 décembre dernier, examinés et vérifiés par un expert comptable, et, enfin, de donner votre avis sur les mesures que je crois utiles à vos intérêts communs. Une entière liberté est laissée aujourd'hui à vos décisions, puisque vous êtes dégagés de toute intervention et d'exigences de tiers ayant des droits sur ce qui reste de l'actif social.

Avant de vous entretenir des questions à l'ordre du jour, permettez-moi de vous tracer en quelques mots l'historique de la création du Comptoir des Halles et Marchés, des causes de son insuccès et de sa chute si inattendue et si désastreuse pour les actionnaires.

Suivant l'acte de dépôt des statuts, devant Me Pothier de la Berthellière, notaire, à la date du 18 septembre 1863, le Comptoir des Halles et Marchés a été constitué en Société à responsabilité limitée, au capital de 3 millions, divisés en 6,000 actions de 500 francs chacune. Il a eu pour fondateurs :

MM.

Élie Joliclerc, banquier.
Hurlier, directeur de l'Union Bank d'Angleterre et de France.
Marteaux, marchand boucher.
Carteret, avocat.
Et Delagneau, propriétaire.

Nous retrouvons deux des fondateurs seulement : MM. Hurlier et Marteaux, dans le premier Conseil d'administration, nommé par l'Assemblée générale du 22 octobre 1863, jour de la constitution définitive de la Société.

Ce Conseil se trouvait, par suite, composé de MM. Weber et Colchester, de Londres, et de MM. Béchet, Meletta, Hurlier et Marteaux.

Le Comptoir des Halles et Marchés n'a été que la continuation de la *Caisse des Halles et Marchés*, que dirigeait M. Elie Joliclerc, l'un des fondateurs. C'est ce qui est déclaré par la première circulaire d'Auger, du 29 octobre 1863, signée par lui comme *Directeur et Délégué du Conseil d'administration.*

On y lit, en effet, que « le *Comptoir des Halles et Marchés* se propose de continuer avec sa clientèle les rapports d'affaires de la *Caisse des Halles et Marchés* que dirigeait M. Joliclerc. » (Voir cette Circulaire, dossier Auger, pièce n° 2.)

La constatation de ce fait se trouve en outre : 1° dans le rapport du Conseil d'administration sur l'exercice 1864 (Voir ce rapport du 8 juillet 1865, page 1);

2° Dans les registres mêmes des délibérations du Conseil d'administration (séance du 23 octobre 1863), sur lesquels a été transcrit le traité passé avec M. Joliclerc. Ce traité contient la cession, au profit du Comptoir :

1° Du bail des lieux occupés par la Caisse des Halles et Marchés ;

2° Du mobilier d'exploitation de cette Caisse ;

3° De la clientèle de la boucherie et de la charcuterie ;

Le tout moyennant l'allocation à M. Joliclerc de 15 0/0 des bénéfices nets réalisés pendant les cinq premières années.

La cession de cette clientèle spéciale de la boucherie et de la charcuterie a été fatale pour les débuts du Comptoir, parce qu'on l'a acceptée en masse, sans distinction aucune ni restriction. La négociation des valeurs remises par les bouchers, déjà douteux et mauvais, pour le plupart, et les crédits qu'on leur a ouverts immédiatement ont absorbé en peu de temps, en les immobilisant, les 750,000 francs formant le premier quart versé par les actionnaires sur les 3 millions de capital. C'est là certainement une des premières causes de la chute du Comptoir. Nous en trouvons l'aveu dans le premier rapport du 6 mai 1864 fait par le Conseil d'administration sur l'exercice 1863, comprenant seulement la période du 22 octobre au 31 décembre 1863.

Ce rapport contient, page 3, ce qui suit :

La Caisse à laquelle notre Comptoir a succédé était entrée dans une voie de libéralité si grande à l'endroit des crédits, que, dans plus d'un cas, nous avons été effrayés des chiffres atteints par quelques-uns.

Ainsi, on reconnaissait déjà la nécessité de réduire cette clientèle. On fit alors, il est vrai, quelques réductions, mais sans résultats sérieux pour sauver le capital engagé et déjà compromis, puisque le retrait des crédits si légèrement accordés au plus grand nombre de vos clients qui étaient souscripteurs primitifs d'actions du Comptoir aurait nécessairement entraîné leur faillite.

On arrive à 1864, l'année du dividende fictif de 12 francs par action. MM. les commissaires constatent dans leur rapport du 11 juin 1865 sur l'exercice de cette année (voyez page 3), que les résultats de l'année 1864 que MM. les administrateurs ont à signaler aux actionnaires sont loin d'être aussi favorables qu'ils étaient en droit de l'espérer par ceux obtenus dans le premier semestre ; mais, ajoutent-ils, *la faute ne saurait leur en incomber, ayant eu à subir une clientèle qui leur était inconnue.*

Malgré cette constatation des dangers déjà courus par le capital engagé, avec une clientèle mauvaise, on ne porte à *Profits et Pertes*, pour créances douteuses, que 85,550 francs, tandis qu'à la fin de 1864, et au moment même du rapport fait sur l'exercice de cette année à l'Assemblée générale du 11 juin 1865, ces créances douteuses et en partie perdues s'élevaient à 513,582 fr. 55 c., chiffre reconnu par M. Hurlier lui-même sur l'inventaire du 31 décembre 1864.

On ne saurait avoir le moindre doute sur ce point, en présence des déclarations formelles faites par MM. les commissaires dans leur rapport du 24 mars 1866 sur l'exercice 1865 (1).

L'exercice de 1864 présentait donc des pertes certaines, résultant de mauvaises créances et s'élevant à plus de 500,000 francs; et cependant on déclare un bénéfice net de 80,000 francs, qu'on répartit aux actionnaires.

(1) On lit, en effet, dans ce Rapport, page 5, ce qui suit : « Lors du dernier inventaire de 1864, vous vous rappelez que, d'accord avec votre Conseil d'administration, nous avions jugé nécessaire de retrancher des bénéfices nets une somme de 80,000 francs, pour servir de couverture possible à des créances douteuses et mauvaises, s'élevant ensemble à 147,383 fr. 21 c. Nous pensions alors cette réduction exagérée, et nous espérions pouvoir vous annoncer à la fin de ce nouvel exercice notre excès de prudence et de prévoyance.

« Il n'en est pas ainsi, malheureusement, et à ce premier sacrifice de 85,000 francs qui nous paraissait alors exagéré, nous nous voyons aujourd'hui obligés de *vous apprendre que nous nous étions étrangement abusés sur la solvabilité d'un grand nombre de clients, qui, à la première demande de diminution du crédit qui leur avait été consenti par le Comptoir, ont presque immédiatement dévoilé leur complète insolvabilité.*

« Dans cette situation critique, il était du devoir de vos administrateurs, et du nôtre en particulier, de bien entrer dans le cœur de chaque compte débiteur, et de chercher à en découvrir la réelle valeur. De cet examen sérieux et approfondi, il est résulté qu'à l'actif du 31 décembre il existait 54 comptes débiteurs ne présentant pas plus de sécurité à venir que les 31 signalés à l'inventaire 1864, et déjà retranchés, sauf les garanties hypothécaires que plusieurs d'entre eux avaient fournies

La fausseté d'une telle situation est établie par le rapport fait par le comptable, chargé, par moi de la vérification des écritures, depuis la création du Comptoir jusqu'à sa dissolution et notamment du bilan de 1864. Elle est enfin constatée par le rapport des commissaires sur l'exercice 1865, déclarant, page 3, que les désastres présentement dévoilés n'étaient que « *la conséquence des opé-* « *rations entamées en 1864 et entreprises avec un peu trop de confiance sur des* « *données très-incertaines et des renseignements malheureusement mensongers.* »

Les 750,000 francs versés étant déclarés insuffisants pour faire face aux charges du Comptoir, le Conseil d'administration avait autorisé l'appel d'un nouveau versement de 125 francs par action qui fut demandé aux actionnaires par une circulaire du Directeur délégué, en date du 6 mai 1864.

C'est sous ces auspices défavorables que commence l'exercice 1865. La situation financière du Comptoir, loin de s'améliorer, s'aggrave tous les jours. Les commissaires eux-mêmes, préoccupés de cette situation, réunissent quelques actionnaires, les entretiennent de la manière d'opérer du Comptoir et des risques qu'il fallait craindre pour l'avenir, si l'on ne découvrait pas un moyen d'empêcher l'immobilisation continuelle et permanente des capitaux de la Société (*Voyez leur rapport du 24 mars 1866 page 2*). MM. les commissaires avaient en vain demandé l'inventaire du 31 décembre 1865. Ils sont obligés, le 20 février 1866, de faire constater, par huissier, cette négligence de l'administration.

Les embarras financiers du Comptoir étaient, à cette époque de février 1866, et lors de l'Assemblée générale du 11 avril 1866, arrivés à leurs limites ex-

---

pour obtenir du crédit; de ces divers comptes, formant *un chiffre de près d'un million de francs*, nous avons, d'un commun accord avec MM. les membres du Conseil et votre directeur, *jugé prudent, urgent même, d'en retrancher un chiffre de 453,000 francs environ*, pour en assurer ainsi dans l'avenir le véritable chiffre de recouvrement.

« La position réelle du Comptoir des Halles et Marchés se traduit donc ainsi au 31 décembre, savoir :

Pertes à ce jour..................................	Fr. 452,322 26
Bénéfice net 1865 à déduire.....................	152,322 26
Total de la perte réelle à éteindre par l'exercice futur.	Fr. 300,000 »

« D'après l'exposé qui précède, vous comprendrez aisément, Messieurs, les regrets qu'éprouvent vos commissaires d'avoir à vous signaler d'aussi tristes résultats, et d'être forcés de convenir que les bruits qui avaient éveillé votre sollicitude et la leur n'étaient que trop fondés. »

trêmes. On peut affirmer qu'à ce moment même la ruine du Comptoir était consommée malgré les déclarations rassurantes contenues dans le rapport du Conseil d'administration du 11 avril 1866, et malgré les *remercîments votés à l'unanimité par l'Assemblée générale de ce jour au Conseil d'administration et au Directeur du Comptoir*. Les décisions prises par le Conseil d'administration dans les séances des 24 mai 1864, 27 octobre, 17 novembre et 1er décembre 1865, pour réduire et supprimer les crédits et comptes de *divers* et en empêcher de nouveaux, étaient tardives et n'avaient, d'ailleurs, reçu aucune exécution.

Le directeur-délégué Auger, profitant de la confiance aveugle des administrateurs, et libre de toute surveillance et de tout contrôle de leur part, n'en avait pas moins continué à réaliser, par les moyens les plus blâmables, la négociation de valeurs d'individus douteux ou insolvables. Les crédits divers consentis par lui dans les derniers mois qui ont précédé la liquidation ont été faits dans les conditions les plus déplorables et sans aucune garantie sérieuse. Ils s'élevaient à plus de 800,000 francs, et devaient achever de compromettre le capital social de 3 millions.

Nous devons vous faire remarquer que les derniers crédits, dont le chiffre exagéré eût dû appeler l'attention et la surveillance du Conseil d'administration, étaient accordés, contrairement aux statuts, à des personnes dont l'industrie et les opérations commerciales ne se trouvaient, sous aucun rapport, dans la catégorie de celles autorisées par les articles 2 et 5 de votre acte de société.

La ruine du Comptoir des Halles et Marchés doit donc être attribuée, selon moi, à trois causes principales.

1° Aux crédits excessifs faits dès le début, sans examen sérieux à la clientèle de la boucherie et de la charcuterie, cédée au Comptoir par M. Elie Joliclerc, directeur de la caisse des halles et marchés ;

2° A l'administration désastreuse du directeur Auger, délégué des administrateurs depuis la création du Comptoir, et à l'abus qu'il a fait des pouvoirs de gérer et d'administrer à lui conférés par la délibération du Conseil d'administration du 26 octobre 1863 ;

3° A l'insuffisance de surveillance et de vérification de la part des administrateurs tant en ce qui concerne les actes d'administration de leur délégué qu'en ce qui touche les opérations d'escompte et de crédits divers faites sans examen ni autorisation du Conseil et qui ont entraîné la perte de la presque totalité des 3 millions de capital social.

Cet exposé sommaire des faits qui ont porté atteinte au crédit du Comptoir des Halles et Marchés, dès les premiers mois de sa création, et des causes qui ont entraîné sa ruine, vous convaincra sans doute, Messieurs, que sa situation financière était déjà désespérée au mois de janvier 1866. Il n'est pas téméraire d'affirmer que, lorsque le Conseil d'administration, dans son rapport du 11 avril 1866 sur l'exercice 1865, ne vous déclarait (page 4) qu'une perte de 300,000 francs, votre capital de 3 millions était déjà compromis, tant pour les versements effectués à cette époque que pour les versements complémentaires du solde de vos actions, nécessités par l'obligation de désintéresser les créanciers du Comptoir. Ainsi, dans votre Assemblée générale du 11 janvier 1866, alors qu'on vous faisait entrevoir la prospérité certaine de votre Société et qu'on vous disait dans le rapport du Conseil d'administration (page 4) que «*les déplorables conséquences de votre origine étaient en partie conjurées*», vous délibériez réellement sur les ruines du Comptoir des Halles et Marchés.

Les illusions dans lesquelles on vous avait entretenus le 11 avril 1866, ne tardèrent pas à tomber devant la dissolution du Comptoir prononcée par le Tribunal du Commerce le 29 mai 1866. Cette dissolution, dont les causes existaient depuis longtemps avait été précipitée par la suspension de l'European Bank, le seul soutien du Comptoir et dont les opérations étaient arrêtées depuis le 19 du même mois.

Pour se rendre réellement compte des embarras et des difficultés de toute espèce qui ont entravé la marche de la liquidation dès son début, il suffira de mettre sous vos yeux le chiffre du passif et de l'actif au moment de la dissolution de la Société.

Le Comptoir des Halles et Marchés, lors de sa suspension au 29 mai 1866, devait :

1° Pour effets impayés négociés directement par lui à la Banque de France .... 665,000 fr.

1...

2° Comme cobligé d'effets impayés négociés par l'European Bank à la Banque de France .... 1,297,000 »

3° A divers, par comptes courants, acceptations échues ou à écheoir, et valeurs du portefeuille négociées, devant revenir impayées, au moins.............................. 500,000 »

Soit, en totalité.......... 2,462,000 fr.

Pour faire face à ce passif de 2,462,000 francs, dont l'exigibilité était certaine et menaçante, voici les ressources qu'offrait la liquidation :

1° En caisse........................ 4,144 fr.

2° En portefeuille, 542,009 fr. 75 c. de valeurs à des échéances plus ou moins éloignées et sur lesquelles il n'était pas possible de faire rentrer plus de......... 150,000 »

3° Les recouvrements à effectuer sur les débiteurs divers s'élevant à 1,402,841 francs, mais dont l'insolvabilité ou la position précaire ne devait faire espérer (et encore, à des époques incertaines) le recouvrement de plus de................ 350,000 »

Total....... 604,144 francs

formant tout ce qu'il était possible de réaliser pour payer 2,462,000 francs exigibles.

La situation, comme vous le voyez, était des plus critiques, surtout en présence des exigences journalières et des menaces de poursuites immédiates en déclaration de faillite par les créanciers dont la position commerciale et le crédit se trouvaient gravement atteints par la suspension du Comptoir.

La première mesure d'urgence à prendre pour tâcher de sauver la situation était évidemment d'appeler la totalité de ce qui restait dû par les actionnaires, tout en poursuivant sans retard les débiteurs du Comptoir.

D'un autre côté, il était important de s'assurer le concours et l'appui de la Banque de France créancière, ainsi que je vous l'ai déjà dit, d'une somme de 1,962,000 francs exigible, composée de 665,000 francs d'effets impayés venant directement du Comptoir et de 1,297,000 d'effets impayés de l'European Bank pour lesquels le Comptoir était coobligé.

Ma position personnelle dans la liquidation de l'European Bank et surtout la bienveillance particulière de l'administration de la Banque à mon égard, m'ont facilité les moyens d'empêcher les conséquences désastreuses d'une faillite qui eût pu arriver peut-être à payer les créanciers, mais qui n'aurait certainement rien sauvé pour les actionnaires.

Ma qualité de coliquidateur de la succursale de l'European Bank à Paris, m'a permis d'obtenir du liquidateur principal de Londres, qu'il donnât à la Banque de France des garanties sérieuses au moyen d'une délégation sur l'actif de la succursale de l'European Bank, à Marseille. La Banque de France s'étant ainsi trouvée assurée d'être remboursée intégralement, a consenti à laisser payer avant elle les autres créanciers du Comptoir qui ne voulaient ou ne pouvaient attendre. Cette résolution de la Banque témoignant son concours et son appui, eut pour résultat immédiat la cessation des poursuites des créanciers et leur consentement à accepter la répartition des dividendes.

Toutes les difficultés se trouvant aplanies au moyen de ces combinaisons, la liquidation est rentrée dans les voies normales. J'ai pu triompher devant les tribunaux des résistances et du mauvais vouloir des débiteurs. Il m'a été permis également de donner des délais à ceux qui étaient dignes d'intérêt et obtenir ainsi beaucoup plus en facilitant leur libération.

J'ai regretté d'avoir été obligé de poursuivre en payement de leur dernier versement quelques-uns des actionnaires dont je ne puis blâmer toutefois la résistance, puisqu'ils croyaient être fondés à se défendre contre les conséquences si imprévues pour eux de la ruine du Comptoir.

Le Tribunal de Commerce s'étant prononcé contre eux et les ayant condamnés à payer, comme tous les autres actionnaires, le solde de leurs actions, tous, à l'exception d'un seul qui a maintenu son appel, ont acquiescé aux jugements rendus. Le capital *actions* de 3 millions se trouve donc aujourd'hui entièrement versé, à l'exception d'une somme de 129,278 francs.

J'ai chargé M. Raimbert, expert-comptable, votre ancien commissaire, et ayant fait partie des actionnaires qui ont été mes adversaires devant le Tribunal de Commerce, de vérifier et d'examiner les comptes de la liquidation arrêtés au 31 décembre dernier, et soumis à votre approbation. Vous trouverez sans aucun doute dans le rapport que vous fera M. Raimbert tous les éléments d'appréciation propres à vous éclairer sur la régularité de ces comptes, la situation actuelle de la liquidation, et l'actif restant à recouvrer.

Permettez-moi cependant de constater ici les principaux résultats obtenus par votre liquidateur jusqu'au 31 décembre 1867.

Ces résultats sont :

1° L'encaissement de..	1,600,503 61
2° Le payement à vos créanciers d'un million quatre cent un mille sept cent dix-huit francs quarante-deux centimes, ci..	1,401,718 42
et, en outre, de tous les frais généraux jusqu'au 31 décembre dernier, s'élevant à..	78,623 48
Ensemble.......	1,480,341 90
3° L'encaisse de la liquidation au 31 décembre 1867 formant la somme de cent vingt mille cent soixante et un francs soixante et onze centimes..	120,161 71

composé savoir : de 92,000 fr. versés à la Banque de France; 25,000 francs à la Caisse des dépôts et consignations, et 3,161 francs 71 centimes dans la caisse de la liquidation.

En résumé, le remboursement des dettes sociales représentées par la somme de 2,530,853 fr. 18 c. s'est effectué ainsi qu'il suit :

Fr. 1,518,718 42 en espèces, dont 117,000 francs en dépôt à la Banque de France et à la Caisse des consignations ;
944,037 45 par virements de divers comptes ;
68,097 31 par des abais ou annulation de titres non justifiés.

Total. Fr. 2,530,853 18

Après l'examen de la *première question* à l'ordre du jour sur les comptes et la situation de la liquidation, vient la *deuxième question* relative à l'action en responsabilité contre MM. les administrateurs du Comptoir des Halles et Marchés et qui forme la partie la plus importante de mon rapport.

RESPONSABILITÉ DU CONSEIL D'ADMINISTRATION.

Cette responsabilité existe :

1° A raison des *faits personnels* à *Auger*, directeur *délégué et mandataire* du Conseil ;

2° A raison des *fautes graves* des administrateurs ayant causé un préjudice réel aux actionnaires du Comptoir.

Je vais examiner ces deux causes de responsabilité envers les actionnaires et vous exposer les raisons qui peuvent l'établir.

Et d'abord, en ce qui concerne Auger, il est incontestable qu'il n'agissait que comme mandataire du Conseil d'administration, en vertu des pouvoirs qui lui avaient été *délégués* pour six années par le Conseil, dans la séance du 26 octobre 1863.

(Cette procuration est transcrite sur le registre des délibérations, page 5.)

La qualité de *délégué du Conseil* a été, du reste, toujours prise par lui, notamment dans les circulaires du 29 octobre 1863 et du 15 juin 1865 (Voir n°s 2 et 3, dossier Auger). Or, comme, aux termes de l'article 1994 du code Napoléon, le mandataire répond de celui qu'il s'est substitué dans sa gestion, on est amené à considérer les administrateurs du Comptoir, *seuls mandataires* nommés par l'Assemblée générale des actionnaires, comme responsables des détournements de fonds en valeurs et des opérations frauduleuses dont Auger, leur substitué, s'est rendu coupable pendant la durée de ses fonctions de directeur.

La confiance absolue accordée à Auger par le Conseil d'administration, sans aucune espèce de contrôle, exprimée et confirmée à plusieurs reprises, soit dans les délibérations du Conseil et des Assemblées générales, soit dans les rapports des administrateurs. (Voyez Délibération du Conseil du 20 novembre 1863 ; Rapports du 6 mai 1864, page 1, et du 8 juillet 1865, page 2 ; Procès-verbal de l'Assemblée générale du 11 avril 1866), cette confiance, disons-nous, est une des causes principales des désastres du Comptoir. Il faut, en effet, le

1...

reconnaître, Auger a abusé, depuis le commencement de la Société, de cette confiance sans bornes que l'on avait en lui. Ainsi, au moment même où l'Assemblée générale, dans sa séance du 11 avril 1866 (un mois et quelques jours avant la suspension du Comptoir), adressait à l'unanimité *des remercîments au Conseil d'administration et au directeur du Comptoir*, la ruine de votre Société était déjà accomplie. Les opérations réelles et sérieuses étaient arrêtées, sauf celles qui ont été continuées frauduleusement par Auger, et à son profit, jusqu'au 29 mai 1866, jour de la dissolution et de la liquidation de la Société.

Sous la réserve d'un examen plus particulier des divers comptes qui seraient reconnus ultérieurement déguiser des malversations et des actes frauduleux commis par Auger, délégué des administrateurs, au préjudice du Comptoir, nous devons signaler les affaires suivantes :

AFFAIRE BONVALLET, marchand de briques (Voy. Dossier Auger n° 4).

Bonvallet était marchand de briques et ne méritait qu'un très-petit crédit. Son compte s'élevait cependant, au 29 mai 1866, jour de la dissolution de la Société, par suite d'effets impayés, à plus de 35,000 francs. Les valeurs négociées avaient été remises par un sieur Chenal, complice d'Auger pour diverses autres affaires, dans la spoliation du Comptoir. Elles étaient souscrites par Bonvallet à l'ordre du Comptoir, ou par un sieur Bouvet, de Levallois, client de Chenal, à l'ordre dudit Bonvallet. C'est sur l'escompte de ces valeurs, dont les souscripteurs et endosseurs n'offraient aucune espèce de garantie, qu'Auger a prélevé une somme de 24,000 francs. Ce détournement est avoué par Auger lui-même, dans une lettre qu'il a adressée à Bonvallet, le 17 juillet 1866, et dans laquelle il reconnaît que ce dernier lui a prêté 24,000 francs sur la négociation de ces valeurs, s'engageant à les payer en ses lieu et place.

Cette lettre, dont l'original se trouve dans le dossier n° 4, a été écrite par Auger, sous la menace que lui faisait Bonvallet, poursuivi pour 35,161 francs d'effets impayés, de me dévoiler toute la vérité.

Ce premier détournement de 24,000 francs par le délégué du Conseil d'administration est donc bien constaté.

AFFAIRE CHRÉTIEN FILS, lampiste (V. Dossier Auger n° 5).

Chrétien était dans une mauvaise situation qu'il eut été facile de connaître ; et, dans tous les cas, le crédit de 91,974 francs, montant de son compte, n'aurait jamais dû lui être accordé. Si on examine, en effet, la valeur des signatures existant sur les effets remis par Chrétien et escomptés par Auger, on arrive à constater que les souscripteurs et endosseurs étaient, pour la plupart, des employés de Chrétien, des individus sans aucune consistance, donnant leur signature par complaisance, et profitant d'une partie du produit de ces négociations frauduleuses.

Les sommes qu'Auger est parvenu à s'attribuer personnellement, en réalisant, au détriment du Comptoir, l'escompte des valeurs de Chrétien, qui n'étaient acceptables sous aucun rapport, notamment des valeurs Lombard, s'élèvent au moins à la somme de 34,000 francs.

C'est ce qui est établi par les déclarations de Chrétien devant le juge d'instruction, à l'occasion des poursuites en banqueroute frauduleuse exercées contre ce dernier après sa mise en faillite, et, en outre, par l'état général des valeurs négociées par Auger, remis au juge d'instruction.

AFFAIRE LIGNEL, constructeur-entrepreneur (V. Dossier Auger n° 6).

Lignel achetait des terrains sur lesquels il construisait des maisons pour les revendre. Il a commencé ses opérations d'escompte avec le Comptoir en mai 1865. Elles se sont augmentées dans une proportion incroyable; car, au 29 mai 1866, époque de la dissolution de votre Société, Lignel se trouvait débiteur, sur les livres, de la somme de 240,963 francs.

Sa faillite a été déclarée le 17 janvier 1867.

Au moment où Lignel a été admis à l'escompte de ses valeurs par Auger, il possédait, il est vrai, quelques terrains et des maisons, notamment à Charenton. Mais il eut été facile de se convaincre, d'abord, qu'une grande partie des terrains n'était pas payée ; ensuite, que tous les immeubles possédés par Lignel, au moment où le crédit lui a été ouvert, étaient grevés d'inscriptions hypothécaires, qui en absorbaient, et au delà, la valeur réelle. C'est du reste ce qui a été constaté par un rapport fait le 5 décembre 1867, sur notre demande et d'accord avec le syndic de la faillite, par M. Laîné, architecte.

Ainsi donc, à l'époque du crédit ouvert par Auger à Lignel et dont le chiffre, dans l'espace de moins de six mois, a été porté à près de 250,000 francs, Lignel, dont la position était des plus embarrassées n'offrait pas la moindre garantie.

Un tel crédit ne peut évidemment s'expliquer que par un concert frauduleux entre Lignel et Auger, et par une participation commune, soit dans les spéculations des ventes des maisons construites, soit dans le produit même des bordereaux d'escompte des valeurs remises au Comptoir. Quoi qu'il en soit, Lignel, qui nous avait d'abord déclaré qu'Auger ne lui avait ouvert un Crédit au Comptoir que pour lui faciliter la remise des fonds nécessaires à la construction de maisons, et partager avec lui le bénéfice de la vente, a avoué, devant M. Pinel, son syndic, que, sur les 240,963 francs montant de son compte, il avait été prélevé par Auger, en deux fois, 20,000 francs.

Ce fait résulte d'une lettre que Lignel nous a adressée le 11 juillet 1867 et de l'extrait même de ses livres constatant la remise à Auger de 10,000 francs le 15 février 1866, et 10,000 francs le 20 du même mois (Voir Dossier Auger (n° 6).

AFFAIRE FRAY, FOLGER ET Cie, de Londres.

Cette affaire est une des dernières faites par Auger dans les conditions les plus désastreuses pour le Comptoir ; car le compte Fray, Folger et Cie s'élève, d'après nos livres, à la somme de 205,758 francs, qui sont entièrement perdus, par suite de l'insolvabilité notoire de Fray, Froger et Cie.

Les opérations de ce compte n'ont commencé qu'en novembre 1865, et au moment où Auger était à bout de ses ressources ; il ne lui restait plus, en effet, en portefeuille, que des valeurs douteuses et dont il ne lui était pas possible de faire accepter l'escompte par la Banque de France et par l'European Banck. Tous ses efforts tendaient conséquemment à dissimuler la situation fâcheuse et désespérée du Comptoir. Mais, pour atteindre ce but et empêcher la vérité d'éclater, il lui fallait, à tout prix, se créer des ressources nouvelles.

Les relations qui lui furent ouvertes auprès de Fray, Folger et Cie de Londres, lui en facilitèrent les moyens par un échange réciproque de valeurs aussi mauvaises d'un côté que de l'autre. Celles remises par Auger étaient toutes de complaisance, et souscrites par des individus sans position et introuvables aujourd'hui, tels que Petit-Ménagé, Brand, Statham, Parent. Ces valeurs, escomptées à Londres par Fray, Folger et Cie, sont revenues impayées, et ont dû être remboursées, en grande partie, par le Comptoir, et ensuite par la liquidation, aux tiers-porteurs.

Quant à ces valeurs remboursées par Auger lorsqu'il était directeur, elles ont été détournées par lui et on les a vainement cherchées. Elles s'élèvent à un chiffre d'environ 92,000 francs.

Les renseignements pris sur Fray, Folger et Cie sont des plus mauvais, au point de vue de la moralité et de la solvabilité. Ils constatent qu'il y a eu une entente frauduleuse entre eux et Auger, et que ce dernier avait promis de leur ouvrir un crédit de 25,000 francs, à la condition qu'ils lui feraient escompter ses valeurs à Londres. C'est ce qui résulte d'une lettre du 15 octobre 1866, écrite par un agent envoyé à Londres (Voy. Dossier *Auger* n° 7).

Il faut ajouter aux sommes détournées par Auger, comme *agent délégué* des administrateurs, dans les affaires ci-dessus :

1° **2,500 francs** qu'il avait reçus dans une affaire Maginot, et qu'il n'a pas déclarés à la caisse ; 2° **19,986 fr. 55 c.** montant de valeurs manquant en portefeuille et aux effets étrangers, ainsi que cela est constaté par un rapport de M. Pesquet, comptable de la Banque de France, en date du 27 novembre 1866.

Nous devons exprimer ici la conviction qu'Auger a abusé des pouvoirs qui lui avaient été confiés par MM. les administrateurs, dans diverses autres opérations, au moyen de l'escompte qu'il a fait des valeurs d'individus sans aucune consistance ni position, la plupart du temps introuvables ou inconnus, opérations dont il s'appliquait le produit en partie, avec les intermédiaires, ses complices.

En présence de tels faits, constatés contre l'ancien directeur délégué Auger, et ayant eu pour conséquence de spolier le Comptoir de sommes considérables, n'est-on pas autorisé à soutenir que la responsabilité du Conseil d'administration est entièrement engagée pour tous les détournements commis par son délégué, et qu'il en doit la réparation aux actionnaires?

Nous arrivons naturellement à l'examen de la responsabilité personnelle encourue par MM. les administrateurs, à raison des *fautes graves* qui peuvent leur être imputées, dans l'exécution du mandat qu'ils avaient accepté de l'Assemblée générale.

Cette responsabilité résulterait, contre les administrateurs, de ce qu'ils ont laissé faire, notamment dans les derniers mois de 1865, les crédits les plus insensés, au profit de personnes dont le moindre renseignement eût indiqué la position précaire, crédits dont le résultat se traduira par une perte de plus de *huit cent mille francs* pour le Comptoir. La solution de cette question de responsabilité doit-elle être résolue dans un sens favorable aux actionnaires, victimes de l'imprudence, de la négligence ou du laisser aller des administrateurs? Ne doit-on pas, toutefois, admettre comme excuse, en faveur des administrateurs, leur bonne foi, leur honorabilité et leur ignorance des crédits ruineux faits par Auger, leur délégué?

Pour arriver à vous éclairer sur tous ces points, il importe de déterminer les obligations que leur qualité de mandataires des actionnaires imposait à MM. les administrateurs. C'est dans leur propre décision qu'il faut rechercher la preuve, qu'ils ont dû connaître toute l'étendue de leurs devoirs. En effet, ils ont prescrit, à plusieurs reprises, depuis 1865 surtout, des mesures ayant pour but de réduire les crédits anciens, et d'en empêcher de nouveaux; mais on est forcé de reconnaître qu'ils ne se sont nullement préoccupés de leur exécution. Voici l'extrait de leurs décisions, consignées sur le registre des délibérations.

« 14 mai 1644. — *Aucun compte nouveau ne doit être admis sans l'autorisation préalable du Conseil.* »

« 27 octobre 1865. — *Le Directeur ne devra plus accorder un seul crédit direct, même garanti par des hypothèques. Les crédits accordés devront être réduits.* »

« 17 novembre 1865. — *Le Directeur s'engage à n'ouvrir directement*

« *aucun crédit ni compte d'escompte, sans le consentement préalable du*
« *Conseil.* »

1er décembre 1865. — *Le Directeur est invité à prendre les mesures nécessaires pour la suppression complète de tous les crédits directs.*

Si ces décisions, dont nous venons de vous donner l'analyse, peuvent prouver la bonne foi des administrateurs, elles attestent, dans tous les cas, une inaction difficile à justifier et une insouciance complète des intérêts qui leur étaient confiés, puisque, connaissant la situation embarrassée de la Société, ils laissaient sans exécution les mesures qu'ils prenaient pour en conjurer les dangers.

Ce qui doit surtout étonner dans la conduite de MM. les administrateurs, c'est leur attitude passive au milieu des risques et périls auxquels les intérêts des actionnaires, leurs mandants, se trouvaient exposés, alors qu'ils les signalaient eux-mêmes dans leurs rapports et dans leurs propres délibérations que nous venons de rappeler. Ainsi, dans leur premier rapport du 6 mai 1864, page 3, il se disent *effrayés* par les chiffres atteints par les crédits faits à la boucherie ; dans leur second rapport (page 2) du 7 juillet 1865, ils se montrent préoccupés des dangers de cette clientèle ; ils reconnaissent qu'ils se sont *trouvés dans une situation extrêmement difficile* « ayant dû opérer sur des indications qui « malheureusement n'ont pas toujours été très-exactes », ajoutant, page 3 du même rapport, « que les affaires de la boucherie proprement dites
« ont donné lieu à des pertes relativement considérables. »

Enfin, dans leur troisième rapport du 11 avril 1866, sur l'exercice 1865, ils disent (page 2) : « malheureusement nos appréhensions se sont réalisées,
« l'exécution des mesures et réductions des crédits a entraîné non seulement
« des immobilisations considérables, mais encore des sacrifices qui ont atteint
« d'une manière sensible l'exercice 1865. »

C'est dans ce rapport (page 11) qu'ils avouent « que les pertes éprouvées
« par suite de la rupture des crédits directs et autres s'élèvent à
« 452,323 francs. »

En présence d'une situation reconnue mauvaise et dangereuse par les administrateurs, est-ce que les seules règles élémentaires de la prudence et de la vigilance du bon père de famille ne leur prescrivaient pas de s'arrêter, pour limiter la perte du capital social et sauver, au moins, ce qui n'était pas encore compromis? Loin de là, ils autorisent la distribution d'un dividende fictif sur l'exercice 1864 ; ils se félicitent de la prospérité du Comptoir; ils vous disent (page 3 de leur rapport du 11 avril 1866) :

« Que désormais votre capital se trouve dans des conditions qui vous per-
« mettent de le reconstituer dans son entier.»

Cet optimisme est entièrement partagé par M. Béchet, leur président, dans sa lettre adressée le 25 avril 1865 au Conseil d'administration, contenant sa démission, retirée depuis. On y lit le passage suivant :

« J'ai la satisfaction de laisser le Comptoir dans une bonne voie. J'espère
« qu'il s'y maintiendra en obtenant, dans l'avenir, des résultats plus brillants
« encore que ceux présentés sur les 24 mois de débuts. » (Voir l'original de cette lettre dans les pièces annexées à mon rapport.)

Enfin, pour compléter cet édifice fantasmagorique des succès du Comptoir, on se félicite dans l'Assemblée générale du 11 avril 1866, d'avoir triomphé *des difficultés et des embarras dans lesquels le Comptoir s'est trouvé engagé ;* on obtient de cette assemblée, *à l'unanimité*, des remercîments au Conseil d'administration, même au directeur du Comptoir. Votre Société est déclarée sauvée, et MM. les administrateurs montent au Capitole. Ces illusions disparaissent peu de temps après devant la triste réalité, la suspension du Comptoir et sa dissolution prononcées par jugement du tribunal de commerce du 29 mai 1866.

MM. les administrateurs peuvent-ils donc venir dire, pour décliner leur responsabilité envers les actionnaires, leurs mandants : *Nous ignorions, nous avons été trompés*? N'est-on pas fondé à leur répondre qu'ils ne pouvaient, qu'ils ne devaient pas ignorer ; qu'ils n'avaient qu'à recourir aux informations les plus élémentaires pour s'éclairer sur la gestion infidèle et ruineuse de leur directeur délégué ; — qu'à ouvrir les livres ; — qu'à vérifier les crédits divers et le portefeuille ; — qu'à examiner les livres d'entrée et de sortie des effets, pour y trouver la preuve matérielle de l'escompte par Auger des valeurs d'individus insolvables, et dont les crédits n'avaient été l'objet *d'aucune autorisation ni examen préalable* du Conseil d'administration, contrairement aux prescriptions contenues dans les délibérations prises en mai 1864, octobre et novembre 1865, ci-dessus rappelées.

Si on admet que la bonne foi des administrateurs, bien que trompés, comme tout le monde, par leur confiance absolue dans Auger, leur mandataire et leur délégué, ne suffit pas pour les exempter des conséquences de leur négligence et de leur imprudence, et par suite des *fautes graves* de leur administration, il faut en conclure que la responsabilité de tous les crédits qu'ils ont laissé faire, surtout depuis 1865, nonobstant leurs décisions d'octobre et de novembre 1865, pèse entièrement sur eux.

Parmi les crédits extraordinaires et non autorisés par le Conseil, acceptés et réalisés par Auger, nous citerons seulement les plus importants :

BAURIENNE et PETIT.

Compte commencé le 21 janvier 1864, et ayant pris, en 1865 et 1866, des proportions qui l'ont élevé de 3,775 fr. 55 à...........fr. 55,675 »

Ces débiteurs sont en faillite, et une instruction a été dirigée contre eux pour fausses signatures sur leurs effets.

BONVALLET, marchand de briques.

Compte commencé en novembre 1864 par un chiffre de 1,276 fr. 40 c., mais s'étant élevé, en 1865 et 1866, pour effets impayés, à ....fr. 35,000 »

C'est sur la réalisation de ce crédit qu'Auger a pris 24,000 francs. Ce débiteur ne méritait qu'un très-faible crédit, à raison surtout de l'industrie qu'il exerçait.

CHRÉTIEN fils, lampiste.

Sa position commerciale ne comportait qu'un crédit très-restreint. Cependant, son compte commencé en avril 1865, s'est élevé, dans le premier trimestre à 45,750 fr. 33 c., et a atteint successivement le chiffre inexplicable de.......... 91,974 »

C'est sur ce crédit qu'Auger a prélevé 34,000 francs. Ce débiteur est en faillite.

BIDAUT-APPERT (en faillite).

Compte commencé en mars 1865 par un chiffre de 7,868 fr. 35 c., et qui s'est élevé, en 1866, par suite d'effets impayés, à...fr. 55,675 44

LIGNEL, constructeur-entrepreneur (en faillite).

Compte commencé en avril 1865. Il s'est élevé tout d'abord, dans le premier trimestre, à 52,276 fr. 80, et dans les deux autres trimestres, surtout en 1866, dans une progression telle, qu'il est arrivé au chiffre extraordinaire de.........fr. 240,963 48

Cette somme se compose de 100,000 francs par compte courant et le restant de valeurs impayées.

Nous sommes compris seulement dans la catégorie des créanciers chirographaires de la faillite et sans droit à l'actif qui sera entièrement absorbé par les créanciers hypothécaires. Nous avons déjà parlé de cette affaire et de la participation frauduleuse d'Auger dans la réalisation de ce crédit énorme et déplorable.

FRAY, FOLGER et Cie, de Londres.

Compte commencé le 4 novembre 1865 et qui s'est élevé, dans les deux premiers mois, à 65,339 francs; dans le premier trimestre de 1866, à 218,292 fr. 05 c., et enfin, au 31 octobre 1866, à .... fr. 205,788 18

Nous avons déjà fait connaître l'origine de ce compte, qui a eu pour but, au moyen d'échange de valeurs d'individus insolvables ou inconnus, de faciliter à Auger la réalisation de sommes importantes, au détriment du Comptoir. D'après les renseignement pris, Fray, Folger et Ce, qui se disaient banquiers à Londres, n'avaient ni position, ni considération; ils sont en liquidation, et l'actif est si infime que nous n'avons pas jugé devoir même faire les frais de production (Voir la lettre de Londres du 8 novembre 1867).

Du reste, les liquidateurs nous ont déclaré contester notre compte, par la raison qu'il n'était pas conforme aux livres de Fray, Folger et Cie, soutenant, de leur côté, qu'Auger ne leur avait remis qu'une faible partie des sommes portées par lui à leur débit.

AUJARD.

Ce compte, commencé le 20 mars 1865, s'est élevé, dans les trois premiers mois, à 55,589 fr. 85 et successivement à fr. 120,893 84

La position de ce débiteur ne nous permet d'espérer le recouvrement de cette créance que dans de très-faibles proportions.

Si l'on additionne le montant total de ces crédits, faits sans examen ni autorisation du Conseil d'administration, on trouve une somme de *huit cent mille francs* au moins, qu'on peut considérer comme perdue pour les actionnaires.

Cette perte n'est-elle pas causée uniquement par le défaut de la surveillance, même la plus ordinaire, des administrateurs, et par une négligence totale des devoirs que leur imposait : 1° le mandat d'administrer les affaires du Comptoir, qu'ils avaient reçu et accepté de l'Assemblée générale; — 2° la loi du 23 mai 1863 sur les Sociétés à responsabilité limitée qui régit notre Société, et prescrit aux administrateurs (art. 17) de dresser, chaque trimestre, un état résumant la situation active et passive de la Société, pour le mettre à la disposition des commisssaires.

Je vous ai fait connaître les faits pouvant constituer des *fautes graves*, et, par suite, entraîner la responsabilité de vos administrateurs ; je dois ajouter qu'ils ont la qualité de mandataires *salariés*, puisqu'ils ont reçu 4,000 francs pour leur part dans le prétendu dividende de l'exercice 1864, ainsi que le constate leur rapport du 11 juin 1865, page 7, et que, conformément d'ailleurs à l'article 43 des statuts, il est distribué un *vingtième des bénéfices* au Conseil d'administration.

Il me reste à vous indiquer sommairement sur quelles dispositions de lois l'action en responsabilité peut se fonder.

Et d'abord, l'article 27 de la loi du 23 mai 1863 sur les Sociétés à responsabilité limitée pose en principe « que les administrateurs sont responsables, « conformément aux règles du droit commun, de tous dommages-intérêts résul- « tant des *fautes par eux commises dans leur gestion.* »

Or, quelles sont ces règles du droit commun ?

Elles se trouvent écrites dans le Code Napoléon, titre XIII, du *Mandat*, et dans les articles 1991 et 1992 (chapitre XI, relatif aux obligations du mandataire).

Ces articles portent :

1° (Art. 1991). Que « le mandataire est tenu d'accomplir le mandat tant « qu'il en demeure chargé, et répond des dommages-intérêts qui pourraient « résulter de son inexécution. »

2° (Art. 1992). Que « le mandataire répond des fautes qu'il commet dans sa gestion. »

Les fautes graves, lorsqu'elles sont prouvées contre un mandataire, ont pour conséquences des dommages-intérêts en rapport avec le préjudice causé, conformément aux articles 1382 et 1383 du Code Napoléon.

Aux termes du dernier de ces deux articles, « chacun est responsable du « dommage qu'il a causé, non-seulement par son fait, mais encore par sa « *négligence ou par son imprudence.* »

La jurisprudence contient l'application de ces principes, et on pourrait citer l'arrêt récemment rendu, dans une affaire Viboux et Ce, gérants du Comptoir commercial du Haut-Rhin, par la Cour impériale de Metz, le 14 août 1867.

Cet arrêt, qui a déclaré les membres du Conseil de surveillance responsables du dommage causé à la Société par leur faute et négligence, se trouve cité textuellement dans le journal *le Droit*, du 14 novembre 1867.

Il importe de vous signaler une différence notable existant dans la qualité des administrateurs, c'est que les administrateurs du Comptoir commercial du Haut-Rhin, condamnés avec le gérant, étaient seulement membres d'un Conseil de *surveillance*, tandis que dans le Comptoir des Halles et Marchés (Société à responsabilité limitée), il y a des administrateurs réels, gérant et administrant les affaires de la Société, et un directeur qui n'est que leur *délégué*.

Je me suis borné, Messieurs, à remplir, vis-à-vis de vous, le rôle de simple rapporteur, et à vous exposer les faits pouvant constituer des *fautes graves* de la part de vos administrateurs et entraîner leur responsabilité; c'était mon devoir, je devais l'accomplir.

Je ne me suis pas dissimulé combien il était grave pour votre liquidateur de prendre l'initiative d'une décision définitive, à raison des conséquences qu'elle peut avoir; c'est donc à vous, Messieurs, véritables juges de vos intérêts, délibérant en Assemblée générale, et connaissant la véritable situation du Conseil d'administration à votre égard, que je viens demander un avis sur la résolution à adopter.

Une considération me paraît devoir toutefois exercer une certaine influence sur votre décision, c'est que vous avez à apprécier la gestion d'administrateurs dont l'honorabilité et la bonne foi ne sauraient être mises en doute.

Quoi qu'il en soit, si l'avis exprimé par MM. les actionnaires, d'après leur appréciation des faits de négligence et d'imprudence des administrateurs, est qu'il y a lieu d'intenter une action contre eux, à raison des *fautes graves* de leur gestion, soyez convaincus, Messieurs, que votre liquidateur suivra cette affaire avec le même zèle, la même énergie et le même dévouement à vos intérêts qu'il s'est toujours efforcé d'apporter dans les affaires, si nombreuses et si compliquées, de la liquidation du Comptoir des Halles et Marchés.

Paris, le 8 février 1868.

BACQUA DE LABARTHE.

Paris. — Imprimerie Paul Dupont, rue de Grenelle-St-Honoré, 45. (677—2.8)

COMPTOIR

DES

HALLES ET MARCHÉS

(Société à responsabilité limitée).

RAPPORT DE M. RAIMBERT

Expert comptable

SUR LES

OPÉRATIONS ET LES COMPTES DE LA LIQUIDATION

A l'Assemblée générale des actionnaires du 8 février 1868.

PARIS

IMPRIMERIE ADMINISTRATIVE DE PAUL DUPONT

Rue de Grenelle-Saint-Honoré, 45

1868

RAPPORT DE M. RAIMBERT

Expert comptable

A MESSIEURS LES ACTIONNAIRES DU COMPTOIR DES HALLES ET MARCHÉS

réunis en Assemblée générale le 8 février 1868.

MESSIEURS LES ACTIONNAIRES,

M. Bacqua de Labarthe, liquidateur du Comptoir des Halles et Marchés, en vous convoquant en Assemblée générale, par sa lettre du 30 décembre 1867, a eu notamment pour but, à côté des diverses propositions qui doivent vous être soumises, de vous demander votre sanction des opérations de sa gestion, accomplie, en vertu de son mandat judiciaire, du 29 mai 1866 au 31 décembre 1867 inclusivement.

Pour entourer son compte rendu de toutes les garanties de sincérité, et presque de légalité exigées en pareille matière, M. Bacqua de Labarthe a cru devoir m'appeler auprès de lui, par une lettre officielle en date du 25 décembre 1867, pour me charger de l'examen et de la vérification des comptes de la liquidation et vous en dresser un rapport qui vous permît d'approuver ces comptes, d'apprécier la régularité des opérations terminées, celles restant à accomplir, et d'exprimer un avis sur les résultats probables de la liquidation.

Diverses considérations m'ont engagé, Messieurs, à ne pas refuser à M. Bacqua de Labarthe le concours qu'il réclamait de moi. Son invitation, en effet, s'adressait :

1° A ma qualité d'expert comptable ;

2° A ma qualité d'actionnaire de la Société ;

3° Et, sans doute aussi, à ma qualité d'ancien commissaire du Comptoir, laquelle me mettait, plus que tout autre, à même de vous exposer les phases malheureuses de notre Société.

Comme vous le comprenez, sans nul doute, Messieurs, il ne m'était pas possible de décliner la mission qui m'était offerte, et, en l'acceptant, j'ai eu à cœur de servir des intérêts qui nous étaient communs, et de vous exposer la vérité des faits accomplis.

Avant d'entrer en matière sur les travaux auxquels je me suis livré, permettez-moi, Messieurs, de désabuser quelques actionnaires d'entre nous, qui ont cru devoir demander aux tribunaux la révocation de M. Bacqua de Labarthe, comme liquidateur du Comptoir des Halles et Marchés, en raison de sa double qualité de coliquidateur de l'European Bank, créatrice et fondatrice du Comptoir, et entre les mains de laquelle le dit Comptoir n'a été qu'un instrument, ainsi que je vous le dirai plus tard dans ce rapport.

Ayant partagé l'erreur de ces actionnaires, jusqu'au jour où j'ai été appelé à contrôler minutieusement, tout en conservant cependant mon indépendance, la marche suivie par M. Bacqua de Labarthe dans notre liquidation, je crois de mon devoir de déclarer hautement ici, que nous devons nous estimer heureux d'avoir un tel liquidateur, qui, grâce à sa position et aux puissantes influences dont il a su obtenir le concours et l'appui, a su éviter, pour nos intérêts, des écueils qui assiégeaient de tous côtés la liquidation.

Dans le cours des explications qui vont suivre, vous pourrez mieux apprécier cette vérité.

Lors de son entrée en fonctions, le premier soin de M. Bacqua de Labarthe devait être et a été de rechercher et de résumer par actif et passif la situation véritable du Comptoir le 29 mai 1866.

Cette tâche était d'autant plus difficile à remplir que l'ancien directeur délégué du Comptoir, malgré mes observations souvent réitérées, avait constamment persisté à suivre un mode de comptabilité qui laissait toujours ouverte une voie aux erreurs.

Ce travail a été fait cependant ; je l'ai vérifié scrupuleusement : et à part une légère différence, que des recherches nouvelles pourront faire aisément disparaître, j'ai constaté que le point de départ était exact.

En voici le résumé :

L'actif, signalé par une balance générale des anciennes écritures, et à recouvrer, s'élevait à la somme de ....fr. 3,220,421 55

Il se décomposait comme suit :

Débiteurs par comptes courants......	1,443,677 76
Versements à obtenir sur les actions...	1,225,300 »
Portefeuille à recouvrer.............	547,299 49
Caisse. Espèces....................	4,144 30
Somme égale.........	3,220,421 55

Quant au passif qui se composait du capital social........................ 3,000,000 »
et de comptes courants s'élevant ensemble à.................................. 408,691 47
et dans lesquels l'European Bank figurait pour plus de 200,000 francs, je n'ai dû m'occuper que du chiffre représentant les dettes exigibles, et négliger le capital social représentant MM. les actionnaires commanditaires.

Retranchant de l'actif les.........................fr. 408,691 47
vrai passif à combler, il résultait que l'actif paraissait excéder le passif de 2,821,730 08 ci......................... 2,821,730 08

Cette situation, au premier abord, n'avait certes rien d'alarmant; car, si les chiffres eussent dû se maintenir dans cet état, la perte pour les intéressés de la Société se serait réduite à 7 0/0 sur le capital social engagé.

Malheureusement ce résultat n'était qu'apparent, que fictif, et ne laissait entrevoir que des écritures commerciales illusoires dont on ne pouvait attendre la vérité qu'après la réalisation des opérations qu'elles représentaient.

En effet, dans les derniers mois de son existence, le Comptoir avait reçu de sa clientèle, tant en couverture de comptes que par des négociations ou renouvellements des effets représentant un chiffre considérable (3 millions environ).

Ces valeurs, passées par lui tant à la Banque de France qu'à l'European Bank, étaient en circulation ; et au moment de la mise en liquidation de cette dernière Société, cause réelle de notre chute précipitée, le chiffre des remboursements à effectuer s'est traduit par fr. 2,140,308, qu'il a fallu reconnaître et accueillir comme un nouveau passif à combler, et ajouter aux fr. 408,691 déjà reconnus.

Chacun de nous peut se rendre facilement compte de la perturbation produite par ce coup terrible dans les affaires du Comptoir.

Le remboursement de ces 2,140,308 fr. 25 était de suite et de droit exigible; toutes ces valeurs étaient en grande partie entre les mains de la Banque de France qui les avait acceptées du Comptoir ou de la société l'European Bank.

Ces deux Sociétés avaient été dissoutes, leur liquidation était prononcée, et ni l'une ni l'autre n'était à même de faire face à ces remboursements.

Un grand sinistre était à craindre ; des faillites paraissaient imminentes.

Notre Société, néanmoins, n'a pas succombé grâce aux combinaisons de notre liquidateur, qui a su se concerter à temps avec le liquidateur de la Société anglaise l'European Bank, et offrir à la Banque de France des garanties propres à lui assurer de réelles sécurités et lui permettre d'attendre, pour être remboursée, le résultat des deux liquidations.

Voilà, Messieurs ce que l'examen des livres m'a démontré, et voilà ce qui me faisait vous dire au commencement de ce Rapport, que chacun de nous devait s'applaudir du choix qui avait été fait par le tribunal, en nous donnant M. Bacqua de Labarthe pour liquidateur.

Le Comptoir et l'European Bank une fois entendus avec la Banque de

France, les obstacles qui avaient paru tout d'abord insurmontables se sont applanis d'eux-mêmes.

Les deux Sociétés en liquidation ainsi réunies dans une même main, par la nomination de M. Bacqua de Labarthe comme coliquidateur de l'European Bank, ont pu combiner à leur aise et de concert leurs moyens de recouvrer leur actif; ils ont employé leurs efforts à obtenir les meilleurs résultats et ils ont réussi. Voici des faits, voilà la vérité, vous allez en juger.

La qualité de coliquidateur de l'European Bank, donnée à M. Bacqua de Labarthe, a été favorable à la liquidation de notre Société:

En effet, les intérêts de ces deux Sociétés étaient conjoints. Si l'European Bank, par la négociation obligatoire du papier du Comptoir, était créancière pour les valeurs en souffrance à la Banque de France, revêtues de ses endos, elle était par contre débitrice du Comptoir pour une somme très-importante (982,317 fr. 70), en représentation des versements à effectuer sur les actions, dont elle-même et ses clients de Londres étaient souscripteurs originaires.

Si M. Bacqua de Labarthe n'avait pas été investi de deux mandats connexes, il n'aurait pu déroger aux lois en vigueur dans le commerce, et régler des comptes par compensation;

Des frais judiciaires fort coûteux et complétement inutiles dans l'espèce, auraient été faits par les deux liquidateurs adversaires, pour le Compte du Comptoir contre l'European Bank, et pour le compte de cette dernière contre le Comptoir.

Avec sa qualité double, M. Bacqua de Labarthe a pu agir en maître dans les intérêts réciproques des deux Sociétés, et c'est ainsi qu'il a pu obtenir les meilleurs résultats sans contestation.

C'est ainsi que le comptoir, libre d'agir sans précipitation, a pu réaliser, par le portefeuille trouvé le 29 mai 1866, un chiffre de.....fr. 203,013 72 c.
avec les comptes courants, un chiffre de.............fr. 950,122 23 c.
et par le recouvrement de partie des 2,140,308 fr. 25 c.,
valeurs en souffrance, une dernière somme de........fr. 420,212 40 c.

De tels résultats, Messieurs, n'ont pu être obtenus qu'à force de soins et de prudence, et pour ma part, je trouve juste et équitable d'en remercier qui de droit, c'est-à-dire, notre liquidateur, M. Bacqua de Labarthe.

RECOUVREMENT DE L'ACTIF.

Ainsi que j'ai déjà eu l'honneur de vous l'exposer, l'actif à réaliser et reconnu au 27 mai 1866 s'élevait à 3,220,421 fr. 55 c. et se décomposait comme suit :

Débiteurs par comptes courants	fr.	1,443,677	76 c.
Par solde sur les actions	fr.	1,225,300	»
Par le portefeuille à encaisser	fr.	547,299	49
Et par la caisse	fr	4,144	30
A ce chiffre déjà considérable est venu s'ajouter l'augmentation des valeurs en souffrance, remboursées tant à l'European Bank qu'à la Banque de France, et dont le compte des clients a dû être débité par	fr.	2,140,308	25 c.
Ce qui a élevé le chiffre de l'actif à réaliser à	fr.	5,360,729	80 c.

Quelle qu'ait été l'activité, déployée par notre liquidateur, pour opérer la rentrée de ces diverses créances, il reste encore aujourd'hui, 31 décembre 1867, à recouvrer, d'après la balance que j'ai établie, une somme très-importante, soit.......................................fr. 2,962,117 18 c.
dont voici la décomposition :

Débiteurs par comptes courants,	fr.	1,694,459	52 c.
Effets en souffrance	fr.	1,112,286	07
Actions	fr.	129,278	59
Portefeuille	fr.	26,093	00 c.

En réalité, M. Bacqua de Labarthe a donc recouvré au 31 décembre 1867 une somme réelle de ......fr. 2,398,612 62 c.
qui se décompose ainsi qu'il suit :

En espèces................fr.	1,600,503 61 c.		
Par virements de divers comptes fr.	515,832 14		
Par rabais sur transactions.... fr.	282,276 87 c.	2,398,612	62 c.

La rentrée de nos créances n'a présenté aucun incident remarquable ; certains débiteurs se sont exécutés volontairement et au moyen d'à-comptes partiels qui ont facilité leur entière libération ; d'autres, mal éclairés ou mal conseillés, ont forcé le liquidateur à sévir judiciairement contre eux et ne se sont exécutés que lentement.

C'est la phase ordinaire des liquidations; aucun de nous ne peut l'ignorer.

J'ai été prié par M. Bacqua de Labarthe de vous donner mon appréciation sur la réalisation probable des créances restant à recouvrer.

Je ne puis vous dissimuler mon embarras sur cette grave question ; en effet, la solution dépendra de l'avis que vous serez appelé à émettre sur la marche à venir à suivre par notre liquidateur.

Deux moyens sont en présence pour clôturer les affaires de notre Société, en notre faveur seule, puisque le passif, à l'exception d'une somme d'environ vingt mille francs non encore réclamée, est complétement éteint, et que le solde de la liquidation doit revenir aux actionnaires.

L'un de ces moyens est la transaction amiable, avec chaque débiteur isolément et individuellement.

L'autre, plus prompt et très-désastreux, est la vente judiciaire par lots ou en bloc.

Le premier moyen me conviendrait mieux sous tous les rapports, et amènerait, je crois, des résultats prompts et satisfaisants si nous invitions notre liquidateur à continuer la marche qu'il a si habilement suivie jusqu'à présent dans toutes les transactions qu'il a obtenues.

Je crois devoir ajouter toutefois, qu'à l'avenir, les transactions devraient devenir d'autant plus faciles, que nos débiteurs sont plus ou moins malheureux, puisqu'ils n'ont pu, depuis bientôt dix-huit mois, satisfaire à leurs engagements.

Notre pensée doit donc être d'élargir le cercle des concessions de manière à intéresser des parents ou amis de nos débiteurs à venir en aide à ces derniers, pour les délivrer du discrédit qui les a tués commercialement parlant.

Tous nos débiteurs en effet ne sauraient être placés sur une même ligne. Il en est des malheureux à divers titres ; laissons à M. Bacqua de Labarthe le soin d'apprécier les sacrifices qu'il doit nous imposer et exonérons-le à l'avance de la responsabilité, dont il est couvert déjà par son mandat judiciaire, mais qui pèse toujours plus ou moins sur celui qui prend ainsi l'initiative.

Si les moyens de conciliation n'aboutissaient pas au gré de nos espérances et au gré des désirs de notre liquidateur, nous aurons toujours la ressource du second moyen, la licitation judiciaire, qui, parfois, amène des résultats imprévus, lorsque les créances sont divisées par lots et avec discernement.

J'évalue enfin que le recouvrement de l'actif litigieux pourra s'élever de 150,000 à 200,000 francs.

EXTINCTION DU PASSIF.

Il me reste à vous exposer les opérations relatives à l'extinction du passif du Comptoir.

Je vous ai dit, dès le début de ce Rapport, que, d'après la balance établie le 29 mai 1866, notre Société présentait un passif de 3,408,691 fr. 47 c., dont 3 millions devaient être mis tout d'abord de côté, ce capital représentant les 6,000 actions appartenant aux souscripteurs primitifs, c'est-à-dire aux commanditaires de notre Société.

Je n'ai donc à m'occuper que de la différence, soit du chiffre dû à divers..........................	Fr.	408,691 47
A ce passif, je vous ai fait déjà observer qu'il y avait à y ajouter le remboursement des effets en souffrance, dont le total s'était élevé à..........................		2,140,308 25
Ce qui l'avait amené à..........................	Fr.	2,548,999 72

Sur ce passif, notre liquidateur a soldé, du 26 mai 1866 au 31 décembre 1867	2,530,853 18
Il résulte de ce tableau que nous resterions encore débiteurs de	18,146 54

Je crois que cette différence devra être passée, pour une partie, par *Profits et Pertes*, après un examen plus sérieux des créances qui en font l'objet, et je ne l'ai signalée ici que pour faire ressortir la vérité des chiffres que j'ai scrupuleusement contrôlés.

Le remboursement des dettes sociales, représentées par la somme de 2,530,853 fr. 18 c., s'est effectué ainsi qu'il suit :

Fr.	1,518,718 42	en espèces, dont 117,000 francs en dépôt à la Banque de France et à la Caisse des consignations.
	944,037 45	par des virements de comptes.
	68,097 31	par des rabais ou annulation de titres non justifiés.
Fr.	2,530,853 18	total égal.

RÉSUMÉ DES RECETTES ET DÉPENSES.

RECETTES.

Le liquidateur a encaissé	Fr.		1,600,503 61

DÉPENSES.

Le liquidateur a payé	Fr.	1,401,718 42	
Il a dépensé en frais		78,623 48	
Ensemble	Fr.	1,480,341 90	
Il reste :			
A la Banque de France. Fr. 92,000 »			
A la Caisse des consignations 25,000 »		120,161 71	
En caisse 3,161 71			
Totaux égaux	Fr.	1,600,503 61	1,600,503 61

Un dernier mot, Messieurs, comme conclusion de ce Rapport.

J'ai relaté jusqu'ici, en bloc, la perte pour ainsi dire totale de notre capital social, mais je ne vous ai point encore donné le détail de ces pertes, non plus que je ne vous en ai fait ressortir aucune des causes.

Ces causes proviennent, sans contredit, de la mauvaise gestion de l'ancien directeur délégué ; car, bien que placé sous la surveillance et le contrôle immédiat d'un Conseil d'administration, il a pu et su, pendant toute la vie commerciale de notre Société, faire impunément abus de son mandat, et confier notre capital à des clients dont les affaires, pour la plupart, n'avaient aucune base sérieuse ni avouable, et ne présentaient pas, en tous cas, une surface égale aux crédits qui leur étaient faits.

Analysons, en effet, cet actif de 2,962,117 fr. 18 c., débris de nos désastres. Qu'y trouvons-nous ?

43 clients, d'abord, qui à eux seuls représentent plus de 2,200,000 francs, et dont je crois nécessaire de mentionner ici et les noms et le chiffre de leur dette.

MM.			
Bidault-Appert,	pour......... Fr.	21,000	environ.
Beaurienne-Petit,	»	56,000	»
Chrétien,	»	90,000	»
Lignel,	»	241,000	»
Fraye-Folger et Cie,	»	206,000	»
Chabaud et Ce,	»	151,000	»
Veuve Passenaud,	»	18,000	»
Boulard,	»	26,000	»
Bourdier,	»	36,000	»
Batifoulier et Roger,	»	15,000	»
Deplay et Julien,	»	35,000	»
Houel,	»	55,000	»
Jullien et Ce,	»	32,000	»
Lebeaux,	»	96,000	»
Fessard,	»	55,000	»
	A reporter...... Fr.	633,000	environ.

		Report.. Fr.	633,000 environ.
MM.			
Morard,	pour	....	37,000 »
Perrot (L.),	»	....	64,000 »
Picard,	»	....	90,000 »
Thierry,	»	....	29,000 »
Auger,	»	....	104,000 »
Aujard,	»	....	120,000 »
Baillot,	»	....	37,000 »
Baum,	»	....	22,000 »
Bocquet,	»	....	12,000 »
Barbier,	»	....	21,000 »
Charpentier,	»	....	30,000 »
Deveaugermé,	»	....	15,000 »
Detettrez (G.-L.),	»	....	23,000 »
Danloz,	»	....	61,000 »
Godmar,	»	....	40,000 »
Godfrin (Émile),	»	....	13,000 »
Godfrin (Prosper),	»	....	19,000 »
Jolibois,	»	....	18,000 »
Mondet père et fils,	»	....	25,000 »
Marteau,	»	....	41,000 »
Mury,	»	....	35,000 »
Pescher,	»	....	41,000 »
Pasty,	»	....	15,000 »
Pluchet,	»	....	20,000 »
Roche,	»	....	21,000 »
Sarrazin,	»	....	22,000 »
Ziegts-Sassé,	»	....	28,000 »
Lefebvre,	»	....	33,000 »
		Ensemble....... Fr.	2,169,000 environ.

Quel crédit méritaient ces clients?

D'où venaient-ils?

Qui les avait amenés au Comptoir et leur avait fait ouvrir des crédits sur leur signature?

Ne serait-il pas de notre devoir, comme actionnaires, de remonter à la source de tous ces comptes, et de rechercher si la plupart n'ont pas été forcément acceptés par les principaux membres influents du Conseil d'administration du Comptoir, dont les intérêts pouvaient être plus importants ailleurs que dans notre chétive Société.

Ici, je m'arrête, Messieurs, car ma mission d'expert comptable, que je crois avoir accomplie avec toute conscience, ne saurait me permettre de me livrer, dans ce Rapport presque officiel, à des réflexions réservées à notre liquidateur, ou au moins à la discussion de l'Assemblée générale.

Je termine donc, Messieurs, en vous confirmant de nouveau ce que je vous fais bien comprendre ci-dessus, que les comptes fournis par M. Bacqua de Labarthe, au 31 décembre 1867, sont en tous points sincères et vrais, et que sans hésiter nous devons y donner notre sanction.

Paris, le 8 février 1868.

F. RAIMBERT,

Expert comptable et actionnaire du Comptoir des Halles et Marchés.

Paris, imprimerie Paul Dupont, rue de Grenelle-Saint-Honoré, 45. — 677—2.8.

LIQUIDATION

DU

COMPTOIR DES HALLES ET MARCHÉS

(SOCIÉTÉ A RESPONSABITÉ LIMITÉE)

PROCÈS-VERBAL

DE

L'Assemblée générale des Actionnaires du 8 Février 1868.

PARIS

IMPRIMERIE ET LIBRAIRIE ADMINISTRATIVES DE PAUL DUPONT

RUE DE GRENELLE-SAINT-HONORÉ, 45.

1868.

PROCÈS-VERBAL

DE

l'Assemblée générale des Actionnaires du Comptoir des Halles et Marchés

TENUE AU SIÉGE DE LA LIQUIDATION

Rue Neuve-Saint-Augustin, n° 5, le 8 février 1868.

PRÉSIDENCE DE M. POIRIER FILS.

L'an mil huit cent soixante-huit et le huit février, à une heure et demie de relevée, au siége de la liquidation du Comptoir des Halles et Marchés, sise à Paris, rue Neuve-Saint-Augustin, n° 5.

Sur la convocation de M. Bacqua de Labarthe, avocat, chevalier de la Légion d'honneur, liquidateur de la Société à responsabilité limitée du Comptoir des Halles et Marchés, nommé à cette fonction, suivant jugements rendus par le Tribunal de Commerce de la Seine, les 29 mai et 1er septembre 1866, enregistrés et publiés;

Se sont réunis en Assemblée générale MM. les porteurs d'actions libérées du Comptoir des Halles et Marchés, ci-après désignés :

MM. Normand	porteurs de	20	actions	2 voix
Raimbert	»	25	»	2 »
Danloz	»	50	»	5 »
David	»	25	»	2 »
Béchet	»	50	»	5 »
Lacapère	»	25	»	2 »
François	»	50	»	5 »
Zimmern	»	55	»	5 »
Weber Léon	»	80	»	8 »
Meletta	»	50	»	5 »
Lepron.........	»	80	»	8 »
Duval Olivier....	»	10	»	1 »
Letestu.........	»	50	»	5 »
Muller.........	»	50	»	5 »
Marteaux	»	50	»	5 »
Croissant	»	10	»	1 »
Poirier père	»	100	»	10 »
Poirier fils	»	25	»	2 »
Claivin	»	20	»	2 »
Scalbert	»	100	»	10 »
		925	actions	90 voix.

Dépôt des procurations des MM. Danloz, Léon Weber et Poirier père a été fait sur le bureau, et ces procurations seront annexées au procès-verbal.

FORMATION DU BUREAU.

Sont nommés.

M. Poirier fils, Président.

M. Béchet et Normand, Scrutateurs.

M. Raimbert, Secrétaire.

Le bureau ainsi composé et constitué, M. le Président déclare que la séance est ouverte.

M. Bacqua de Labarthe, liquidateur, dépose sur le bureau :

1° Le procès-verbal de l'Assemblée générale du 25 janvier 1868, aux termes duquel une seconde réunion des actionnaires devait être faite, attendu que les membres présents à la première réunion ne représentaient pas le quart au moins des actions émises, ainsi que l'exige l'article 33 des statuts.

2° Les exemplaires des journaux le *Droit*, la *Gazette des Tribunaux*, les *Petites Affiches*, et le *Moniteur Universel*, annonçant la deuxième convocation des actionnaires pour le 8 février 1868, ainsi qu'un exemplaire de la lettre circulaire adressée, sous la date du 27 janvier 1868, à tous les actionnaires des Halles et Marchés les invitant à assister à la deuxième réunion dudit 8 février 1868.

M. le Président donne lecture :

1° De la feuille de présence signée par les membres présents, représentant soit par eux-mêmes, soit par leurs mandants neuf cent vingt-cinq actions, donnant droit à quatre-vingt-dix voix.

2° De l'ordre du jour de l'Assemblée, relaté dans les journaux précités, le *Droit*, les *Petites Affiches*, la *Gazette des Tribunaux*, sous la date du 29 janvier, et le *Moniteur Universel* sous la date du 31 janvier 1868, et dans la circulaire aux actionnaires sous la date du 27 janvier.

Après ces constatations, M. le Président donne la parole à M. Bacqua de Labarthe, liquidateur, pour donner lecture de son rapport.

Cette lecture faite, un membre de l'Assemblée prie M. le liquidateur de donner quelques renseignements particuliers sur M. Auger, ancien directeur délégué du Comptoir des Halles et Marchés, sur sa fuite à l'étranger et sur les détournements commis par lui.

M. le liquidateur dit que M. Auger paraissait jouir, au moment de la dissolution du Comptoir, de la confiance de tous les membres du Conseil d'administration et des actionnaires ; que ses antécédents paraissaient irréprochables.

Qu'à l'égard de sa fuite à l'étranger, après avoir soustrait dans la caisse de la liquidation, la veille même d'un dividende à verser aux créanciers, une somme de cent vingt mille francs environ, M. le liquidateur avait dû prendre des mesures actives et rigoureuses, qui avaient eu pour résultat le remboursement des sommes détournées à la liquidation, moyennant l'intervention de la famille de M. Auger et le concours du liquidateur de la Société anglaise. l'European Bank.

Un autre membre, auquel la parole est accordée par M. le président, fait observer que le rapport de M. le liquidateur indique bien l'extension complète du passif de la Société, mais ne fait pas ressortir l'actif qui pourra revenir aux actionnaires à fin de liquidation,

M. Bacqua de Labarthe répond que tous ces renseignements vont être donnés à l'Assemblée par M. Raimbert, expert comptable, chargé de contrôler les opérations et écritures de la liquidation, et qui a préparé à cet effet un rapport détaillé et dont lecture va être donnée à Messieurs les actionnaires.

Un membre demande pourquoi l'état trimestriel des opérations du Comptoir des Halles et Marchés n'était pas remis par messieurs les membres du Conseil d'administration à messieurs les commissaires, ainsi que l'obligation leur en était imposée par l'article 17 de la loi du 23 mai 1863 sur les Sociétés à responsabilité limitée.

Un actionnaire, ancien membre du Conseil d'administration du Comptoir, déclare que la loi a été exécutée à cet égard.

Un des anciens commissaires du Comptoir répond et affirme qu'il n'a jamais reçu de messieurs les administrateurs des états trimestriels, et que s'il en a obtenu de semestriels, c'est parce qu'il les a exigés du chef de la comptabilité pour avoir ainsi à l'avance en main des points de comparaison qui lui permissent de contrôler plus aisément et plus fructueusement les écritures soumises à sa sanction.

Que, dans tous les cas, le titre V des statuts sociaux ne fait aucune mention de cet article 17 de la loi du 23 mai 1863, et que, dans l'article 26 des statuts, relatif aux devoirs des commissaires, il est dit seulement que les commissaires seront annuellement chargés de faire à l'Assemblée un rapport sur la situation de la Société, sur le bilan et sur les comptes présentés par les administrateurs.

L'ancien commissaire ajoute que jamais le directeur délégué du Comptoir n'a pu remettre en temps convenable les états même semestriels, puisque son collègue et lui ont été forcés, en janvier 1866, de faire constater par huissier que les écritures de décembre 1865 n'étaient pas encore passées dans le mois suivant.

Un ancien membre du Conseil d'administration interpelle ce même ancien commissaire et lui reproche de ne pas lui avoir revélé l'historique de la création du Comptoir des Halles et Marchés, relaté dans le rapport lu par M. le liquidateur ; il ajoute qu'il ne serait pas entré dans le Conseil en 1866, si partie de ces faits lui avait été dévoilée.

L'ancien commissaire repousse avec énergie le reproche qui lui est adressé, en ce qui le concerne. Il explique que tout cet historique malheureux ne lui a été dévoilé que plusieurs mois après la mise en liquidation du Comptoir des Halles et Marchés ; que, quant à ses fonctions de commissaire, il les a toujours remplies, ainsi que son collègue, avec toute la vigilance et les soins utiles.

Un des membres du bureau demande la parole et rappelle l'Assemblée à l'ordre du jour. Il réclame la lecture du rapport de M. l'expert comptable.

M. le président invite M. Raimbert à lire son rapport concernant les opérations et les écritures de la liquidation.

Après cette lecture, un membre demande l'impression des rapports de M. le liquidateur et de l'expert comptable.

M. le président soumet cette proposition au vote de l'Assemblée, qui la sanctionne à l'unanimité.

Les deux rapports seront donc imprimés, et un exemplaire sera adressé à chacun des membres actionnaires, par les soins de M. le liquidateur.

M. le président demande à l'Assemblée son vote sur l'approbation des comptes présentés par M. le liquidateur depuis le 29 mai 1866 jusqu'au 31 décembre 1867, et sa sanction sur la marche par lui suivie jusqu'à ce jour, dans l'intérêt des actionnaires.

MM. les actionnaires étant seuls intéressés aujourd'hui dans les résultats de la liquidation, j'invite, ajoute M. le président, l'Assemblée à affermir les pouvoirs de M. le liquidateur, en lui indiquant s'il doit, comme par le passé, procéder avec les débiteurs par des transactions amiables, ou par l'adjudication des créances par lots.

L'Assemblée vote à l'unanimité l'approbation des comptes présentés par M. le liquidateur jusqu'au 31 décembre 1867. Elle décide, en outre, qu'il est laissé à l'appréciation seule de M. Bacqua de Labarthe de procéder au recouvrement de l'actif de la liquidation, par les moyens qu'il jugera les plus utiles et les plus avantageux, étant seul plus éclairé sur ce point que MM. les membres de l'Assemblée.

M. le président continuant l'ordre du jour indique l'avis réclamé par le liquidateur pour le procès en responsabilité à intenter contre les administrateurs du Comptoir des Halles et Marchés.

Un membre demande la parole et émet l'avis que le procès en responsabilité doit être fait non-seulement aux membres du Conseil d'administration du Comptoir, mais que MM. les commissaires doivent être également mis en cause.

L'un des anciens commissaires demande la parole et déclare que, fort de sa conscience et de l'acccomplissement de ses devoirs, il ne décline pas la responsabilité de ses actes ; mais il croit devoir faire remarquer et comprendre à l'Assemblée que le rôle de commissaire n'est qu'un rôle complétement passif, qu'il se borne à vérifier et contrôler des bilans d'actif et passif déclarés sincères et véritables, tout d'abord par les membres de l'administration, vrais gérants de la Société, et que, si des erreurs lui ont été cachées et dissimulées par des passations d'écritures erronées, il ne lui serait possible de les découvrir qu'en reprenant une à une chaque écriture, en vérifier les détails, travail vraiment impossible et que ne réclame pas la loi du 23 mai 1863.

Le même ancien commissaire étant interpellé par un autre membre de l'Assemblée sur son avis, au sujet du procès à intenter à MM. les administrateurs, n'hésite pas à répondre qu'il partage en tout point l'opinion du liquidateur, bien qu'il reconnaisse que la plupart d'entre eux aient été trompés dès l'origine, comme il l'a été lui-même.

Que s'il vote pour le procès, il a pour but non pas précisément d'atteindre MM. les administrateurs, mais bien ceux qui avaient intérêt à former le Comptoir, pour reverser sur lui des valeurs de portefeuille reconnues complétement mauvaises, d'un recouvrement complétement nul, à moins de les faire endosser par des tiers moins clairvoyants.

Que ce fait est imputé à l'European Bank, et qu'il est de toute justice de chercher les moyens d'arriver jusqu'à cette Société, vraie créatrice du Comptoir.

Qu'en attaquant MM. les administrateurs, ces derniers auront le droit de se retourner vers ceux qui les ont placés dans le poste qu'ils ont accepté, sans en connaître les conséquences à venir.

Sur l'interpellation de trois ou quatre membres qui ont pris la parole sur cette même question, et trouvaient naturel que M. le liquidateur attaquât lui-même la Société l'European Bank, M. Bacqua de Labarthe leur a répondu qu'il ne pouvait saisir les tribunaux compétents que contre MM. les administrateurs.

La discussion paraissant terminée, M. le président résume les questions à l'ordre du jour, et propose de les soumettre toutes à un nouveau vote de l'Assemblée, ce qui est accepté à l'unanimité.

PREMIÈRE RÉSOLUTION.

L'Assemblée approuve-t-elle le rapport de M. Bacqua de Labarthe, liquidateur et celui de M. Raimbert, expert comptable, chargé de la vérification de la comptabilité?

L'Assemblée consent-elle à approuver ces comptes, commencés le 29 mai 1866, et arrêtés au 31 décembre 1867, et à leur donner sa sanction définitive?

L'Assemblée, à l'unanimité, approuve les deux Rapports et vote leur impression, pour qu'un exemplaire soit remis à chaque actionnaire.

L'Assemblée approuve, également à l'unanimité, les opérations et les comptes du liquidateur, partant du 29 mai 1866 jusqu'au 31 décembre 1867, et leur donne sa sanction entière.

DEUXIÈME RÉSOLUTION.

L'Assemblée est-elle d'avis de donner au liquidateur son concours pour intenter un procès en responsabilité contre les administrateurs du Comptoir des Halles et Marchés?

L'Assemblée recommence sur cette question toute la discussion, et comme elle paraît ne pas vouloir s'entendre, M. le président déclare qu'il va prendre séparément l'avis de chacun des membres, et que le procès-verbal mentionnera toutes restrictions qui pourraient être faites dans chacun des votes.

Ont voté, sans restriction, pour intenter le procès à MM. les administrateurs :

MM.	Normand	ayant...............	2 voix.
	Danloz	»	5 »
	Raimbert	»	2 »
	Léon Weber	»	8 »
	Lepron	»	8 »
	Duval-Olivier	»	1 »
	Croissant	»	1 »
	Poirier père	»	10 »
	Poirier fils	»	2 »
	Clairin	»	2 »
	Scalbert	»	10 »
		Ensemble...............	51 voix.

Il est observé que, conformément à l'article 36 des statuts, le vote sur le procès contre MM. les administrateurs doit être réduit à 44 voix, M. Poirier fils, mandataire de son père, ne pouvant que représenter 10 voix par ses actions cumulées avec celles de M. Poirier père, ainsi que M. Normand, qui ne peut aussi disposer que de 10 voix, tant pour ses actions personnelles que pour celles de MM. Danloz et Weber, dont il est mandataire.

Ont voté pour le procès contre les administrateurs, mais avec l'espoir d'atteindre l'*European Bank* :

MM.	Davis............................	2 voix.
	Lacapère............................	2 »
	François............................	5 »
	Ensemble...............	9 voix.

Ont voté contre le procès à faire à MM. les administrateurs :

MM.	Béchet............................	5 voix.
	Zimmern............................	5 »
	Meletta............................	5 »
	Letestu............................	5 »
	Muller............................	5 »
	Marteaux............................	5 »
	Ensemble...............	30 voix.

TROISIÈME ET DERNIÈRE RÉSOLUTION.

M. Bacqua de Labarthe explique qu'en raison de l'Assemblée générale indiquée à ce jour, plusieurs débiteurs du Comptoir des Halles et Marchés lui ont adressé des propositions de transaction et d'arrangement amiables pour solder leurs comptes débiteurs.

Ce sont :

MM. Godfrin père et fils,
Aujard,
Sarrazin,
Lignel.

MM. les membres présents déclarent à M. le liquidateur qu'il a reçu à cet égard tous pleins pouvoirs du tribunal, qu'il a toute leur confiance, et que les votes qui précèdent le lui prouvent complétement ;

Qu'il peut seul apprécier la position des débiteurs; qu'il est donc de leur devoir de lui laisser traiter ces arrangements, ces transactions, comme il le jugera à propos, pour le mieux des intérêts communs, toutes les transactions faites par lui jusqu'ici étant approuvées et sanctionnées par le présent procès-verbal.

La séance est levée à cinq heures et demie, et ont signé M. le président et le secrétaire.

EM. POIRIER FILS,
Président.

F. RAIMBERT,
Secrétaire.

Paris, 8 février 1868.

Paris. — Imp. Paul Dupont, rue de Grenelle-Saint-Honoré, 45 (077.2.8)

www.ingramcontent.com/pod-product-compliance
Ingram Content Group UK Ltd.
Pitfield, Milton Keynes, MK11 3LW, UK
UKHW022141190726
13855UKWH00003B/1282

9 782013 065764